# Papelería del purgatorio

## Sergio García Zamora

### Colección Leteo

eolas
ediciones

© Sergio García Zamora, 2025

© de esta edición: Eolas ediciones
en colaboración con Club Cultural Leteo

www.eolasediciones.es · www.clubleteo.com

Dirección editorial:
Héctor Escobar

Coordinador de colección:
Rafael Saravia

Diseño de cubierta:
Javier Arce

Imagen de cubierta:
Foto de Eduardo Ortiz
(https://www.pexels.com/es-es/@laloortiz/)

Maquetación:
Alberto R. Torices

Imprime:
Safekat S. L. (Madrid)

ISBN: 979-13-87753-29-0
Depósito Legal: LE 270-2025

# Papelería del purgatorio

Serie Azul de Metileno

## Apuntes de un hijo de obrero

De quién hablo cuando hablo de otro hombre, sino de mi padre. En cada hombre lo sufro y lo festejo. Mi padre: carpintero, albañil, mecánico textil, electricista... Mi padre, un buen arreglamundo. Aquí están en el canto la garlopa y la plomada, las llaves grasientas, los feroces alicates y tenazas. Aquí están más que los guantes sus manos, más que las botas sus pies, más que el casco el esplendor de su cabeza. En el gran pañol del mundo yo solo reconozco la noble herramienta que es mi padre. Gastada pero útil, gastada pero hermosa. Y así cada hijo, por muy holgazán y torpe que sea, debería reconocer el hierro del que procede. Ya sé: un día se quebrará; perderá los dientes de comer la piedra y la madera, de morder los cables y las tuercas; un día echarán su alma al fondo de una caja para que el cáncer del óxido la devore. Dirán que fue el alma amante del trabajo que no la amó, pero yo la entregaré a las fundiciones, a los buenos hornos. Volverá como vuelven los obreros y el canto a la fábrica, al taller, a la esperanza. De quién hablo cuando hablo de mi padre, sino de otro condenado.

## Carta a Gabriel Celaya

Arcángel del hombre asalariado, Gabriel Celaya, ¿qué es el poema, sino la anunciación, la voz que en el sueño se revela a los obreros? Tú que te sentías como un ingeniero del verso, igual serías un arcángel si te llamaras Rafael. Escribo en una fábrica y hago turno en un poema. ¿Cómo puede ser un ángel quien necesita los dineros? Todo se complica o lo complicamos porque es un simple paraíso lo complejo. Por eso aclárame con lo oscuro, ilústrame a golpe de herramienta, enséñame a ser aprendiz del trabajo. Yo te creo: «La poesía es un arma cargada de futuro». Pero qué puede hacer un arma contra otra arma. Yo nunca supe qué hacer conmigo. Yo fui a todos los duelos con la pólvora mojada. Si la poesía es un arma cargada de futuro, un arma que tú apuntabas al pecho, ¿a dónde apuntar ahora? ¿A la cabeza? ¿Al vientre? ¿Al sexo? ¡¿A la espalda?! Si la poesía es un arma cargada de futuro, ¿entonces tiene un solo disparo? ¿Entonces tiene un solo futuro? Hay que defender a la poesía de los que dicen que la poesía se defiende sola. Nada está solo sobre la tierra. El arma es arma en manos de quien la empuña. Yo llevo una espada como un rayo que no cesa, la espada de otro arcángel llamado Miguel Hernández. Hay que defender a la poesía como carta boca arriba. Arcángel del hombre asalariado, Gabriel Celaya, dame tu arma para entrar al purgatorio.

# Carta a un aviador

Hermano del aire, voy contigo con un miedo terrestre a no ascender entre las cosas; con el pesado terror de ser mi propio lastre, indigno de elevar las palabras y la sangre a la memoria de los cielos violentados donde al fin te has vuelto transparente como otro río del espíritu.

En mi país los niños corren y se llaman a ver pasar contra el azul ese pájaro gris al final de sus dedos; ese ronroneo de felino entre nubes a punto de cazarlo; ese taladrar del puro mediodía cuando todas las piedras se cortan las orejas. Pero breve es el milagro como cualquier milagro, la inocencia del mirar se marcha pronto porque otros asombros los ocupan. Así ha pasado con tu vida y con mi vida: apenas un vuelo, una visión, un estallido; apenas nuestras sombras sobre el mundo.

Hermano del aire, juguete solar caído al purgatorio, no hay flores para ti, sino cometas; no hay trompetas, sino voces en el parque. Tú que sobrevuelas todas las derrotas, no permitas aquí abajo entre los hombres que este río me arrastre y me ahogue cuando el canto y la batalla al fin deben comenzar.

# Libro del cantor y las batallas

## I

Aquí y ahora ocurre una batalla, pero, ¿en cuál poema no ocurre una batalla? Aunque hable del mar y del ingente sol, ¿qué es el mar, qué es el sol entrando a las aguas? ¿Qué es el cuerpo de la amada y nuestro cuerpo? Bajo lo silencioso crece el fragor, bajo lo sereno se encarniza. ¡Mira la rosa! ¡Mira el pan sobre la mesa! ¡Mira los naipes volados del otoño! Las mismas cosas, los mismos testigos, pero nunca acaba su sangre ni su fuego. ¡Por la Vida!, dice Lo Vivo. ¡Contra la Muerte!, dice Lo Muerto. Y embrazan los espejos porque nada asusta tanto como el propio rostro, porque nada consuela igual como buscarnos, como ir sin coraza ni máscara al encuentro de nosotros con nosotros en la más atroz, en la única batalla.

## II

He aquí las legiones en el alba y las hordas de todos los colores: repartidores como húsares alados; albañiles caídos del andamio como de torres de asalto; sastres, toneleros, curtidores y otros tantos mariscales; tanquistas que van en taxi y fotógrafos que son francotiradores; artilleros con sus cartas al pie de los buzones; mosqueteros detrás de la barra de los bares; altos granaderos del pan contra huestes del hambre; cocineros almirantes que abren fuego en el mar de las cocinas y navegan los siete platos, aunque la gran armada vaya al fondo del mismo fregadero. Los comensales se rinden, el mantel es una blanquísima bandera y los camareros, oficiales que ofrecen las condiciones de paz a firmar en la hoja de la cuenta. Todo portero de hotel es un general condecorado. El mundo es la prolongación de estos combates. Con sus casacas brillantes y su carreta de caídos, los soldados recogen en la noche los restos del día. No conozco otra guerra, sino esta que dura hasta el último hombre.

## III

Parva infantería, rasos soldados rasos, nada pudimos anticipar de la batalla en la batalla. Ni fuera ni dentro de nosotros, ni dentro ni fuera de la página: en cada frente comandan los locos. El día trae su atroz caballería como la noche ya trajo sus mejores artilleros. Vamos a pie hacia la muerte porque a pie hemos ido hacia la vida. A diario se suceden los ejércitos; atacan y se defienden desde el sexo y la piel y las palabras. Para todo hay himnos y banderas; para todo hay heraldos y ministros, bufones, secretarios, consejeros, oportunistas de provincia, teatristas, flacos prevaricadores que engordan, censores de segunda y cantores de tercera. Qué secreto emperador ordena las campañas. Qué dios de sus devotos decide la pelea. Con amigos germinales, con mi hermano más claro y más oscuro entro a combatir en la esperanza. Parece silencio mi silencio como la conspiración de lo bueno y de lo bello, parece que soy manso como una casa sin cuchillo. Pero ya veremos mañana si fuimos dignos cuando el tiempo elija sus guerreros.

## IV

En el aire hay cornetas y tambores. No los oigas por mí, ¡óyelos conmigo! Ni cometas, ni pájaros, ni aviones: solo existe cielo para este himno. No veo la transparencia, sino su interior. Llevan el color de la música, son música la pólvora y la sangre. Ejército mío lo inaudible y lo invisible, ¡qué flancos descuidados tan llenos de razón los generales! Pero yo vuelvo a la ciudad, yo me alisto entre los sordos y los ciegos, los mejores amigos para compartir una batalla; yo hago de cada balcón una trinchera y bajo un sol artillero, bajo fuego, tomo el fusil, escalo, me lanzo a volar sobre las casas como cráteres humeantes donde los hombres pierden la vida con sus vidas.

## V

Si yo no fuese, ¿quién sería por mí? Porque siendo, ¿quién soy? ¿Un guerrero o el canto que lo engendra? ¿Otro río donde arden las visiones? Para el día soy las manos que levantan el día; para la noche, los pies que desandan las estrellas. Para mi nombre soy el innombrado. Estoy al centro del escudo que es el mundo. Hay dos ciudades donde ocurre lo mismo: en la primera dos hombres discuten; en la segunda, dos ejércitos. Hay bodas y festines. Hay bailes de jóvenes siempre jóvenes. Hay labranza y siega y vendimia; rebaños de ovejas y de vacas. Y otra vez la danza que no muere. En todo palpita el esplendor y la acechanza, en todo el fruto y la caída. Yo canto a mitad del tiempo y el espacio. Yo doy a lo infinito lo infinito. Dirán que no merezco la verdad ni la belleza, pero el ciego me ha visto. Si él no fuese, yo sería por él, porque siendo soy nadie y voy a ser nadie: un guerrero junto al agua, un guerrero que no cesa de cantar.

## Abecedario del condenado (ABC)

### I

A del Altísimo, que abundante sea el amor y la amistad. Antes del alba los alarifes alzan tu alcázar y el alférez afila tu alfanje. Un as de oro el sol apuesta: amanece. Arden las atalayas y los alminares. Arden las almenas. Avalancha de la luz que arrecia. Alud del mediodía como aluvión de alabardas. A, tú eres el arca para la nueva alianza. No en ricos altares, sino en pobres alacenas; no del ayuno impuesto, sino del almuerzo merecido; no con los alcabaleros de la fe ni los asesinos de la razón, sino con los alucinados de la fe y la razón; no desde los astros que tiritan azules a lo lejos, sino desde el abismo que alumbras.

A del agua, hago mi ablución y me arrodillo: déjame ser tu arcipreste como el astroso es tu apóstata. A de los amables, ayúdame a ponerme de pie como el Auriga de Delfos. A de Atenas, ágora de la A, academia de la A, augures de la A. ¿Dónde están Aristóteles y Alejandro? ¿Anaximandro y su ápeiron? ¿Arquímedes? ¿Dónde Aníbal y dónde Augusto? Aporías y apologías. Amnios. Toda Anábasis debe ser hacia el interior del hombre.

A de los apólogos, años pasé recogiendo altramuces para ganar este plato de alubias; ardua fue la jornada como volver al Alhambra, aguda como un áspid en la alcoba. Ahora atardece en los astilleros; ahora anochece en Alemania. Antígona entierra a sus muertos. Alva Edison prende la araña del mundo. Ayer bajé el árbol de Navidad del ático y ausente estaba el ángel. Alguien se puede herir con la aguja del insomnio perenne. Antaño si no recuerdo mal, mi vida era un festín en el que todos los corazones se abrían, en el que vinos de todas las clases fluían sin cesar, dice Arthur, Jean Arthur Rimbaud, el amputado. A del Altísimo, que abundante sea el amor y la amistad que alivian mi alma.

## II

B de belleza y de bondad: lo bello y lo bueno. B de banalidad y bellaquería. Bendiciones y blasfemias de la misma boca. Beligerancia de la B: tiene bemoles la B. Qué ganas de ser barroco. Beberse el Siglo de Oro. Barrabasadas de bardo bastardo. Barrunto: después de la B, la C de culteranos y conceptistas. Un no sé qué que se quedan balbuciendo. Después del barbero el cura, aunque Cide Hamete Benengeli lo cuenta mejor: segundas berenjenas siempre fueron buenas. B de belfos dilatados de Babieca que lleva al Cid a Burgos; B de belfos dilatados de Belisario cuando lo ciegan. B de Biblia bajo el brazo. B de bruja y de burdel. Buhoneros, bribones, buscones. Bandoleros y banqueros: lo mismo. ¿Qué fue de Boscán y lo bucólico? Hay bruma en Barcelona: río la broma de dejarme epístolas de Garcilaso en el buzón.

## III

C, pequeña hoz que ha perdido su mango. C de cuchillo y carne, lo mismo cortas que cantas. Tú que estás al inicio del camino y del cielo, pesada como la coz de los caballos sobre el pecho, ligera como una cinta en el viento, dame el cálido nombre de mi patria.

C, guía de la caravana y carro de guerra, cármenes de Catulo y cementerio marino. Eres un cosmos. Hueles a la costumbre del café en el calor de la casa; hueles a comino y cilantro en la cocina; hueles a cebolla en la cuna del hambre ¡ay Miguel Hernández! Si mañana te pierdo en el seseo, voy a buscar tu rostro en el Cristo de Velázquez ¡ay Miguel de Unamuno!, la media cara del crucificado es tu media cara y el cuerpo arqueado del caballero es tu cuerpo ¡ay Miguel de Cervantes!

C del castigo y la caricia. C del crimen, la culpa y la cárcel. Si mañana te vuelves catastrófica y cacofónica, te pondré mango y me iré a los campos de cereales. Más allá de las capitales y las cúpulas de las capitales, yo busco como un condenado la mitad caída de tu corazón.

# Breve tratado sobre la naturaleza del pecado

La lujuria tiene bares nudistas, casas de citas, burdeles parisinos de entreguerras.

La gula tiene cervecerías alemanas y restaurantes de lujo, comedores infinitos, cócteles de embajada y cenas de embajada.

La avaricia tiene sus bancos neoyorquinos, suizos, londinenses... Sus tentaculares sucursales, sus casas de cambio, sus oficinas de impuestos.

La pereza tiene hoteles y más hoteles caribeños, un balneario italiano a las afueras y mil habitaciones de masajes.

La ira tiene secretas construcciones militares en todos los países, un búnker por cada ciudadano.

La soberbia tiene palacios de gobierno y suntuosas mansiones, pirámides y arcos de triunfo.

Pero la envidia, ¿qué edificio tiene la envidia? ¿Qué ha construido la envidia? Ah, la envidia no tiene casa, por eso llama a la puerta del vecino.

## Breve tratado sobre la naturaleza de la deuda

La deuda se contrae y se dilata, el sexo de la deuda, el útero a punto de parirnos. Basta un préstamo mínimo, un crédito casual y desprotegido, para engendrar al endeudado. El dinero no reconoce a sus bastardos. El dinero tiene su familia, sus hijos de bien que chorrean cheques y gomina. A la hora de dejarnos libres, a la hora de que tenga final el embarazo, la deuda nos ahoga con el cordón umbilical de su cifra, con el mismo cordón de alimentarnos.

## Acta sobre pródigos y avaros

El idioma es una herencia. Los pésimos escritores despilfarran el oro que no han trabajado. Nunca saben qué hacer con su riqueza. Los pésimos escritores son pródigos. O resultan terriblemente avaros. Pretenden ganancias con unas pocas monedas. Los buenos escritores solo gastan lo necesario. Nunca se permiten lujos ni carencias. Ahorran lo justo y logran progresar. Lo escritores geniales saben que el idioma no es una herencia, sino un préstamo. Un préstamo de miles y millones. Invierten para hacer su propia fortuna; su capital, más que originario, original. Como todo préstamo saben que deben devolverlo, acrecentado y vivo, a los hombres de mañana, a los hijos de los hijos, tan pobres que todavía no aprenden a hablar.

# Abecedario del condenado (DEF)

## I

Dios de la D, dame los dones del decir. Que dance y dibuje mi dolor domeñado. Dios de la dádiva y el dardo, dame el denario del canto. Que sea una daga de Damasco y una doncella dormida en tu diván. Pero si no soy digno de esa diadema y ese donaire, entonces desampárame, denígrame, destiérrame. Que sea el desoído del desierto: un demonio contra el Demonio. Que los dísticos sean mi delito y mi delirio: un duelista contra sí mismo. Que duerma y despierte en el duro día con la dura duda: quién tu dueño, quién el dueño de los dados de la dicha y el daño. Dios de la D, dame ahora los dones del decir, como a un niño que deletrea los Nombres del Gran Libro.

## II

E de ética y estética. Espada y estilográfica. El esgrimista y el escriba. Espero que no seas el embudo del egoísta, sino el émbolo de la esperanza; espero que la épica de esta época no te enferme; espero que su embestida no te entierre. Embriagaos, pide Baudelaire al ejército de embozados, pero yo elijo la espuela; elogio al estilista que entrega estatua y espuma en su elegía, pero yo elijo la espuela, la espuela y el estertor.

E, extraño soy como tu ensalmo. Enhiesto voy a deshacer entuertos. Espiga en el erial. Espejo y escudo. De la estirpe de la estrella es mi espíritu, no de los espías del estiércol ni los esbirros de la envidia. Por eso los edecanes del Emperador me echan en la ergástula. Estropicio del espinazo. Esquirlas y estigmas. No hay mayor estrago que ser el extranjero de la especie; no hay mayor estrago que ser el estafado del ensueño. Tuyo es el esplendor sin escándalo. Mía es la excomunión y el exilio.


## III


Una F fantasmal recorre las fechas. Franciscanos de 1209; franceses de 1789; fascistas de 1919, de 1936, de 1945. Soy Lo Que Fue, no lo que fui: feligrés de la pobreza; fusilero de la utopía; familia de Fučík. Francis Fukuyama promulga el fin de la Historia y no será el último hombre. ¿Qué sabrá Francis Fukuyama? Festejo y fustigo la Historia con una F firme como una horca, flexible como un trampolín. El hombre y su pasado fricativo: fantoche, farsante, fanático. Mi tesis preferida contra Feuerbach la mejoró Federico, pero resulta inmejorable brindar con un falerno. Este es mi feudo y mi fábula; mi feria y mi fin; mi fama y mi fracaso; mi felicidad y mi furia; mi fuerza y mi falacia. Estas son mis treinta y seis vistas de la F en el Monte Fuji; las figuras caprichosas de don Francisco de Goya y don Francisco de Quevedo; lo que farfulla el fuelle al fuego de la fascinación. Soy un fatuo, pero soy fiel a mi fatuidad. No soy el favorito de la corte, sino el fulano del fondo; no soy Fouché, sino Fausto; no soy Filippo Tommaso Marinetti, futurista firmante de manifiestos contra sí mismo, sino Frank Morris, fugado de la Prisión de Alcatraz, desaparecido y declarado muerto. Tengo mis filias y mis fobias. Y nada me fue ni me será fácil en la tierra más fermosa.

# Breve tratado sobre el arte de correr

El fugado del pelotón se convierte en la presa del pelotón. La soledad del fugado es agónica. La compañía del pelotón resulta vital como la compañía de los que se odian. Fue un acto de desesperación fugarse. Está arrepentido y el arrepentimiento lo vuelve más pesado, más lento. El pelotón lo alcanza, lo devora, le roba la energía y lo vomita. El pelotón lo apresa, le hace juicio y lo condena, lo destierra, lo descarrera, lo invalida. Pero existe otro fugado que es el verdadero arte de la fuga. Nunca corre con el pelotón. Se aleja desde el inicio. Marcha delante desde el inicio. Todos vaticinan que caerá, que va a cansarse. Pero el adelantado se almuerza y se bebe esas previsiones. Corre fuera lo que corre dentro. Un espíritu libre. El mudo del coro. Llega primero porque habría sido igual si llegase último.

# Acta sobre burócratas

Nadamos de documento a documento en el mar de la gran papelería. Pedaleamos de oficina a oficina, oficina arriba y oficina abajo, cuestas y más cuestas que cuestan. Corremos de cuño a cuño, corremos a pie de firma. Somos los hombres de hierro que una secretaria detiene. Hemos completado las millas, pero no basta. Detrás de esa puerta funcionaria, todo vuelve a comenzar. Los burócratas están condenados a juegos de mesa. Los burócratas son los condenados que nos quieren condenar.

## Nota contra ciertos funcionarios

Ciertos funcionarios no son hombres, sino gárgolas. Están en lo alto, pero no en lo más alto. Están en lo alto de las jerarquías, pero son de piedra. Fueron hechos para el horror. Un horror inmóvil. Un horror de no hacer nada. A veces, según la estación, sale un agua turbia y fría de sus bocas que la gente confunde con promesas.

# Abecedario del condenado (GHI)

## I

G genital: glande y Punto G. Gestación de la G. Genoma de la G. Gametos, gónadas, glándulas, ganglios que toco con guantes de goma y que miro con galenos de galeno.

G sin gastar y engastada, yo busco tus gemas en mi garganta; en las grutas guturales de Góngora y su Galatea; en el genio de Goya y en el genio de Goethe; en el gozo de la glotis y en el garbo y desgarbo del gitano; en las ganas de comer un gulasch y en la gloria de los germanos. G de los godos y visigodos: ganso y gavilán, guardia y guerra, líbrame del gabinete de los gobiernos golpistas que dicen gemir de la grey para no decir gritar de la gente. Hay un gendarme por cada ganapán, por cada gandul, por cada gañán; por eso traigo bajo el gabán una gaita y una guitarra; un gallo y un grillo; una garrafa, una garlopa, un galeón; una ganzúa y un girasol para escapar de las gárgolas con garrote.

G gladiadora. G de Grecia, monstruosa como Gerión y bella como Ganimedes, si me abandonas seré otro gálata moribundo. G del ángel que anuncia la gracia del Señor, dame la gracia del goliardo. Que sea yo gentil como un

gondolero. Que nadie mate a los gamos de mi sangre.
Que nadie me infeste el corazón de gusanos.

II

Los hablantes pasan callados a través de la H, como por
el hueco de una puerta sin puerta. La H es la ruina de
la H: tiene valor patrimonial. Un hispanista podría con-
tarnos cómo en la Historia de la Lengua, aspiración tras
aspiración, la H perdió su reino. A tal punto sucede así,
que en una palabra gobierna la letra primer ministro; por
ejemplo: hegemonía, poder de la E, E de España, desgo-
bierno. En América no había H, pero sí la belleza de un
himno: *Dejemos al menos flores. Dejemos al menos cantos.*

Los hablantes pasan callados y de hinojos a través de
la hendija y el hondón. Hechura de la H, heredad de la
H, hastío de la H. Soy más holgazán que la H: no abro
la boca para la hostia ni el halago. Pero sin H todas las
huelgas fracasan; todas las hogueras se apagan de súbito;
todas las almohadas se vuelven como la de Jacob.

Los hablantes pasan sin chistar a través del horror, a tra-
vés del humo y la hacienda; los hablantes hechizados por
el hipnótico monstruo: ¡hipócritas hablantes, mis iguales!
Sin embargo, hermana H, yo te oigo hablar a toda hora.
En la herida sangras entre gritos, en los herejes confiesas
bajo tortura, en el harén gimes de placer. Si fuera cierto

27

tu silencio, tú serías del héroe la mejor arenga. ¿Silencio el del hacha? ¿Silencio el del Holocausto? Tú, H, solo eres muda en los libros de Historia.

## III

Ígnea es la I, roja es la I como la vio Rimbaud porque la sangre es otro fuego. Ínclita es la I que idolatro de iglesia en iglesia y de isla en isla. I de los inocentes, intercede por nosotros los infames. Ignavos e ilustres están por igual en el Infierno. I de lo ignoto, dame tu imaginario de cada día. Soy un intruso y un inútil, ¡ilumíname! Yo hablo de Ti conmigo. Ilusionado, ingenuo, infantil, imberbe. Perdona nuestra injusticia como perdonamos al idiota, al ignorante, al impostor; como perdonamos el insulto y la intriga.

I de Inquisición que me interrogas, amo el ingenio que no es instrumento del mal, abomino del ingenio que ideó los instrumentos de lo inhumano. Líbrame de la ira y la impiedad; libra a los hombres de la ingratitud y la insidia. Soy tu inquilino y el insomnio de tu inquilino, ¡inspírame! Déjame ser tu intérprete como un invitado invisible: el insubordinado, el insurrecto, el gran inconforme.

I de lo inefable, yo te llevo en la frene como una insignia.

## Breve tratado sobre la naturaleza
## de la incertidumbre

La incertidumbre puede perturbar una mente y turbar el corazón. La incertidumbre puede generar un vacío en el vientre, una sequedad en la boca y un constante sudar de las manos. La vida parece la incertidumbre de estar muertos; la muerte, la incertidumbre de estar vivos. La poesía es la perpetua incertidumbre de una perpetua certeza. O la perpetua certeza de una perpetua incertidumbre. La incertidumbre puede derrocar gobiernos, por eso los políticos persiguen a los poetas, los encarcelan, los exilian o los asesinan, amparados por el principio de incertidumbre de Heisenberg. Los políticos, como el físico alemán en la mecánica cuántica, no logran determinar, con precisión arbitraria, cuál es a la vez la posición y la velocidad de los poemas.

# Breve tratado sobre la naturaleza de las certezas

Como todo hombre tengo certezas a las que un día otro hombre les dispara en la cabeza. O se las llevará a prisión. Las certezas caen sobre la hierba y el cuerpo se evapora. Las certezas se pudren calabozo adentro, y de esa escoria nacen nuevas certezas. Al asesino y al carcelero los reconocen enseguida. Los absuelven y veneran a falta de pruebas. Como todo hombre vivo para vengar mis certezas. Los espero a la salida de los libros. Las certezas son mujeres más altas que yo, pero es fácil ser más alto que yo. Lo difícil es crecer más allá de mis certezas.

## Nota a favor de la esperanza

El conductor que atropelló mi esperanza se dio a la fuga.
Mi esperanza cayó en la calle. La gente pasó sin ayudar-
me. La calle era larga como una alegoría de lo que va al
futuro. Fueron años peatonales, años de cruzar en rojo
para acabar en rojo. A pie llevé mi esperanza herida hasta
la casa. A pie cargué con ella a cada batalla. Nunca perdí
la esperanza de que un día la esperanza despertara.

## Abecedario del condenado (JKL)

### I

J de Juan Ramón, qué júbilo esta jornada, qué trabajo
gozoso tu trabajo. Más que jumento dices burro con tus
alforjas colmadas de jazmines y jacintos.

J de Juan Ramón, joya del juglar que no se jacta; simple
y bella como un trazo aljamiado; fresca como el agua del
aljibe; blanca como el migajón.

J de Juan Ramón, qué júbilo juntarme a ti aquí en lo
jondo.

### II

Kilómetros y kilómetros para encontrar la K. Marco
Polo ante Kublai Kan. Marco Polo que lleva a la prince-
sa Kokachin, Dama Azul, hasta Persia; pero yo prefiero
cuando el veneciano habla de Khutulun, Luna Brillante,
la guerrera.

Atrévete a pensar en el kantismo y el krausismo. Cada
filósofo alemán es un káiser, pero yo prefiero el kalei-

doscopio de la infancia, pero yo prefiero mi kodak para explicar a Dios y el mundo. Entro a una kabak; bebo kummel y kirch, bebo kéfir; pero prefiero a las mujeres kurdas que pelean (me importa un kopek si no me entiendes). Más que el kaki de los uniformes, yo prefiero el rojo de los kimonos. El King Charles y el koala compiten en gracia, pero yo prefiero el zorro asiático que llaman karagán. Todo porque el verso es a la vez un klebán y un kama: un puñal largo y un puñal de hoja ancha.

Kilómetros y kilómetros para encontrar la K. Solo pido que la vida no se interrumpa como el match entre Kárpov y Kaspárov. Fusil AK-47 y KGB; Kennedy (JFK) y Ku Klux Klan (KKK). Karl Kraus cuando dice que el Diablo es optimista si cree que puede hacer más malo al hombre. Estas palabras parecen salidas de una pipa de kif; sin embargo, son las nieves del Kilimanjaro. Más que a la sombra del Kremlin, yo prefiero esperarte a la sombra de un kiosco en la kermés.


III


La L es un ala sin plegarse ni quebrarse, una cruz sin travesaño, un alfil más que torre. En la palabra pelele es el ascenso y la caída del tonto manteado por la E. Pero esas son lecciones para niños. Existe una L lúbrica, lujuriosa, libidinosa, lasciva; una L tan falo como tan vulva; una L para adúlteros. Existe una L enferma de lepra y de leucemia. Exterior e interior de la L. Lindos y lampiños; lúcidos y lunáticos, locos de siempre, locos de libro. Literatura y más literatura. La novela de la L; los poemas a Lesbia de un tal Catulo; la comedia y la tragedia latina de la L. Todos quieren el laurel sin ir a la lucha; todos quieren la luz sin enlodarse. Levanta tu lámpara. Sé listo y sálvate de los locuaces políticos. Latrocinios y linchamientos del gobierno palatal. Esta es la lengua contra el cielo del hombre contra el muro. Del hombre que grita: ¡Libertad, libertad, libertad!

## Breve tratado sobre la naturaleza de los muros

Hay momentos que uno quisiera golpearse la cabeza contra un muro, pero ningún muro parece el indicado. Nos ponemos exigentes como si fuésemos a casarnos. Nadie se casa con cualquier muro. No existe el divorcio para golpearse la cabeza contra el muro. La cabeza y el muro son un matrimonio feliz. Se aman hasta que la muerte los separe.

Hay momentos que uno quisiera ser el muro, mientras los otros se golpean la cabeza. O caminan y duermen a tu sombra, porque a un muro no le importa lo que piensas, salvo que le pidas matrimonio.

Hay momentos que uno quisiera casarse sobre un muro y que las familias permanezcan a cada lado sin verse. Desde arriba sonreír, brindar, lanzar el ramo. Después tomar en brazos a la amada e irnos como equilibristas por el muro. Casarse es golpear otra vez la cabeza contra el muro, solo que el muro resulta una cabeza.

# Manual con instrucciones de juego

Soñé que nos amábamos sobre un campo de golf. El sitio era tan verde y lejano que hacía pensar en el paraíso. Los carritos se descomponían y los espectadores se desmayaban antes de llegar. El sitio era tan verde y lejano que podías jugar desnudo. Soñé que nos amábamos como si en el mundo no existiese poder alguno. Tu cuerpo estaba dispuesto y cuidado como ese campo. Alguien había podado el césped y cada hoyo lucía un banderín. Colinas. Hice mi tiro entre dos colinas y te escuché reír. Comprendí la obsesión que subyace en cada juego. El muchacho tonto que cargaba los palos (que era también yo, pero niño) no podía, no quería dejar de mirar.

# Breve tratado sobre la naturaleza de las estatuas

Ha pasado en todas las épocas. El pueblo de las estatuas es de los pueblos más oprimidos. Se les condena al mármol y al bronce. O a materiales menos nobles. Todos las mancillan y todo lo soportan: la lluvia, la nieve, el sol; los escupitajos y la gran orinada. Las estatuas son estoicas como la estatua del emperador Marco Aurelio, salvada en su sobrevida ecuestre, salvada de convertirse en monedas u otra estatua, salvada por confundida con la del emperador Constantino. Pero no todas se han quedado inmóviles en esa suerte. En algunas plazas no hay estatuas, sino un guía sapientísimo que explica a las estatuas vivientes la ausencia de la misma. A veces pienso que en los pedestales vacíos se podría poner un hombre. O una mujer. Según requiera la memoria y la admiración. Niños y niñas si fuese necesario. Incluso ancianos y minusválidos. Ese sujeto cumplirá como estatua el tiempo que la patria estime. Y luego lo sustituirá otro. Y otro. Por los siglos de los siglos. La nueva estatua poco a poco acabaría con la estirpe de los derribadores, sino fuera porque los derribadores se erigen a sí mismos estatuas de sí mismos, lo cual engendra nuevos derribadores. Ha pasado siempre. La estatua derribada se vuelve un mártir de las otras estatuas. Cuando derriban a una estatua, las otras estatuas tiemblan en sus adentros, pero afuera no mueven un músculo.

# Abecedario del condenado (MNÑ)

## I

Mira esta caravana de dromedarios: m, n, ñ. Pequeñas dunas entre las dunas. Tiendas de beduinos. Mastabas. Mira ahora los arcos del Coliseo, los arcos del acueducto de Segovia, el gran arco de triunfo que hizo levantar Trajano. Hagia Sofía de Constantinopla, San Marcos de Venecia, San Pedro del Vaticano. Madres y niños en el mercado. Mesías: Mahoma, Emmanuel. Devotos genuflexos, cuerpos doblados durante la oración. Mira otra vez esta caravana de dromedarios, esta línea mayor o menor que la esperanza de los hombres. Mi esperanza está en una palabra: mañana, mañana...

## II

Antes de P y B se escribe M de mesías, me dijo el presbítero ortográfico. Babieca yo, pensé en la burra de Balaam que habló; papanatas yo, pensé en los panes y los peces. Mar de Capernaúm, M de mar antes que P de puerto y B de barco. Contemplación y asombro. Campanas de Notre Dame; combates de los cruzados en Palestina. Ejemplo y enjambre: enjambre de ejemplos. Témpanos también. Calambur. No deambules, dice el padre. Misa del párroco benedictino. M de misericordia antes que P de pecado y B de bula. Majestades antes que plebeyos y bufones. Militares antes que pintores y bardos. Limpiar la emboscada del alma. Cambiar lo imposible del mundo.

### III

M, qué terrible cuando no eres Música, sino Muerte. N, qué terrible cuando eres Nunca, Nadie, Nada. Ñ, qué alivio cuando escapamos como el ñandú.

## Carta de un necio para otro necio y viceversa

### (Envío)

Oh, tonto. Oh, simplón que no alcanzas a idiota. Eres el Gran Mentecato, el Señor Babieca. Un papanatas tan ganso. Hermano de memo, hermano de lelo. El yerno pazguato que llaman Don Simplicio. Cuídate de los pícaros, bribones y ladinos que manda el Rey Truchimán. Cuestión de ser más pícaro, más bribón y más ladino, sin llegar a convertirte al cinismo como Recaredo al catolicismo; sin llegar a envestirte con la real hipocresía de Enrique IV ante el Papa Gregorio VII; sin llegar a la santurronería del santo ratón de iglesia y bibliotecas. Sigue de inocente. Sigue de inocente casi degollado, huye a Belén con los pastores y escribe cartas.

### (Respuesta)

Oh, discípulo de íncubos y súcubos, ya oí la música de los ejércitos, ¡escándalo! Ya encontré mi pífano de párvulo que se asoma a ver pasar la Máquina y los Cínicos, a ver pasar los ínferos con túnicas, a ver pasar el féretro de la época. Todo lo miro, gélido, desde un ático. Vértigo del que se mira a salvo. Pánico del oráculo que me anuncia pétalo. Lástima de no ser Píndaro. Lástima de ser cáscara hasta la lágrima. Pero ya tañí mi cítara. Ya pesé el ánima en toda báscula. Sonámbula, famélica, telúrica va mi ráfaga. Contra la esdrújula sombra de lo lúgubre, esta lámpara de luz esdrújula.

# Carta para Alcifrón en Atenas

Tú eres, Alcifrón, un invento de Alcifrón. De ti solo conocemos el nombre. El nombre y tus cartas de pescadores, campesinos, parásitos y cortesanas. Ya no hay que fingirse uno de ellos. Todo ha proliferado. Yo mismo he proliferado: pienso como pescador, siento como campesino, vivo como parásito y escribo como cortesana. Y todo el tiempo finjo que soy el que soy. Ahora el mundo es la nueva Atenas. Hay pescadores que no han visto el mar y van con sus redes por las calles; hay campesinos que viven en palacios y campesinos que gobiernan contra campesinos; hay parásitos peores que un poeta, hay parásitos peores que un parásito, se alojan en bares y cafetines como en bancos e iglesias. Esta ciudad hubiese sido tu portento. Qué de chismes, injurias y perdones. Qué de halagos y de guiños. Qué zalamería, qué gracia, qué desatino. Qué friolera, mi Dios, qué friolera. Tú, Alcifrón, eres un invento de Alcifrón, como yo soy mi propio invento. Hay quien deja en el mundo cartas y solo cartas como si dejara todo el oro.

## Breve tratado sobre la naturaleza del odio

El que odia siempre espera el triunfo de su odio. Viejo Cadmo, hay un diente del dragón enterrado en el pecho del que odia. Legítimo o ilegítimo ese odio le pertenece. Que lo haya engendrado o lo haya adoptado poco importa. Es odio. Y es suyo. Lo alimenta, lo viste, lo educa. Aguarda una vida para verlo ascender al trono. El que ama goza cada dolor. El que odia se duele en cada gozo. El que odia espera no haber sacrificado en vano su corazón. Qué ingenuo.

# Abecedario del condenado (OPQ)

I

Orbe de la O. Oquedad de la O. Hay que ser un orfebre para labrar tu anillo. Hay que ser Orfeo en el Orco para habitar el Olimpo. Quien se asoma por el otero antes estuvo en el foso.

Olvida al obeso obispo y su oblea de obediencia; olvida al oidor y su oro de oficina; olvida al opresor y su obelisco de oprobio.

O de Oriente y Occidente. Oceánica y orgiástica, conmigo vas en el ocio y el oficio. Obstinado contra el obtuso; obsesivo contra lo obvio. Osado, obsceno y tan orondo.

O de grito y de oscuro. O de horror al odontólogo y de odas al otoño. O de órgano y organillo. O de lo oculto, líbrame del opio porque soy tu obrero, líbrame de la orfandad porque soy el Otro. Que marche como un orate con mi oriflama. Que mi verso sea el ósculo del ogro y la ondina. Una oración en la orilla, una ofrenda, un oleaje. Ópera y óleo mi verso. Orestes perseguido por Las Furias. Un ramo de olivo y la pera de un olmo. Óxido y ópalo mi verso. O de orto y origen, en ti me ovillo como en el pecho del Sol.

## II

P de la Poesía, patria mía, yo temo a la P del Poder, que nos pone a elegir entre permanecer o partir. Como el Blas de Otero, pido la paz y la palabra. Pareciera que es el pan lo que pido cuando pido la Palabra; pareciera que padezco como un novio sin dinero que trabaja para desposarte. Nadie entiende: ni padres ni profesores ni presidentes, porque yo no hablo a los hombres, sino a lo mejor de los hombres.

P de las plañideras que lloran el cadáver de Patroclo y el cadáver del príncipe Héctor. P de la poesía pura, perdona el prosaísmo de mi persona: pequeño dios que robó el paracaídas, profeta pobre, peregrino en la noche de Portugal (unos pensarán en Pessoa, y otros en Miguel Torga). P de todos los Pablos y sus pasiones, todas las piernas y pestañas; P de París era una fiesta, te propongo otro paseo por el Parnaso, otra pelea entre buenos y malos poetas. Nada de palmas, nada de subirme al púlpito; nada de rascar mis pulgas ni bailar mis polcas; nada de fingir que tomo las píldoras para no degollarme en el palco. P de los puritanos, tengo dulce la pelvis y agriados los pulmones. En mí solo hay peldaños. Baja y sube la multitud menos pulcra. Muerden polvo, comen polvo.

P del Paraíso que hemos perdido porque somos hijos de Pedro Páramo. P del pálpito y la protesta, yo quiero la pólvora.

## III

Quitamanchas de la Academia: *Limpia, fija y da esplendor.* Quiebros y requiebros de la que aprueba y desaprueba. Quejarse a lo Quevedo: Quien quisiere ser culto en solo un día la quintaesencia aprenderá, esa quimera.

Quepis áureo, quitasol, quemadura; quietud de querubín; quilla de los buques en la batalla y la tormenta. Mi don Quijote y su quiniela de derrotado; mi Quintiliano y su quínola de preferir perder un amigo que dejar de decir una frase ingeniosa.

Qué quisquilloso soy, preciosa mía, pero si yo hablase lenguas angélicas y proféticas, y no tengo amor… ¡Quiéreme mucho, niña, quiéreme mucho!

# Breve tratado sobre el arte de preguntar

Hay preguntas que conocieron el amor, no de una respuesta, sino de otra pregunta.

Hay preguntas que masturban a sus novios en la sombra y siguen vírgenes después del matrimonio.

Hay preguntas que sobreviven a sus respuestas y mueren sin volver a casarse.

Hay preguntas que se arrastran como un herido: buscan salvarse de ellas mismas.

Hay preguntas que al mirarse al espejo no saben que responder.

Hay preguntas que no han perdido lozanía; no sé para qué otros las maquillan.

Hay preguntas que huelen a interrogatorio; la vez que una pregunta se puso perfume, el perfume la delató.

Hay preguntas que más que respondidas merecen ser bailadas.

Hay preguntas que se ahogan en un vaso de agua, después que miles se han ahogado en ellas.

Hay preguntas que buscan una respuesta, pero solo encuentran una aguja en un pajar. Y se cosen la boca.

Hay preguntas que viven en la punta de una lengua con la esperanza de acariciar respuestas en la punta de otra lengua, mientras la piel está llena de preguntas que la hacen sudar y el corazón tiene preguntas que ni el corazón entiende.

Hay preguntas que nunca aprenden el arte de preguntar.

# Breve tratado sobre el arte de responder

Me preguntaste con ira y te respondí con ira. Pero era la ira la que preguntaba y era la ira la que respondía. De nosotros no había nada.

Me preguntaron si yo era soberbio y respondí con soberbia: no respondí.

Un vanidoso está hecho de vanas respuestas y solo se le pueden hacer preguntas. Para un vanidoso toda conversación es una entrevista.

Preguntar demasiado. Responder demasiado. Preguntar nada. Responder nada. He ahí los pródigos y avaros que más abundan y faltan.

Lujurioso de preguntas. Lascivo de respuestas. Un diálogo fértil. Un diálogo delicioso como un banquete.

¿Por qué si tenemos la misma pregunta tu respuesta envidia a mi respuesta?

Con mis respuestas compro el pan, porque las preguntas son para compartir el vino.

El cazador de respuestas siempre emplea trampas: una respuesta herida no le sirve y menos una respuesta muerta.

Hay que devolver al mar las pequeñas respuestas que aún no sirven para comer.

Hay respuestas tan feas que nadie las saca a bailar por más riquezas que tengan.

Hay quienes tienen la misma respuesta para todo, aunque se especializan en aplicar cuestionarios.

Un hombre hecho de preguntas no se agota tan fácil. Pero los hombres hechos de una sola respuesta nos suelen agotar con facilidad.

De preguntones y respondones están llenas las universidades y comisarías del mundo.

La fe responde y la razón pregunta. Pero lo verdaderamente atractivo son las preguntas que la fe se hace y las respuestas que la razón se da.

En cine las preguntas y respuestas se vuelven arte. O solo montan una escena.

El escultor pregunta y el mármol responde.

Si hemos llegado a la misma respuesta a través de distintas preguntas, es que estamos en Roma.

Preguntando se llega a Roma y respondiendo a la cárcel.

# Cuaderno de Roma

Escribía un poema sobre Roma, de aquellos años en
Roma. Ya estaba dentro del poema cuando me vi pasar so-
bre un puente. Ey, me llamé, pero en aquellos años nunca
me escuchaba. Yo era un corazón. A todas partes iba son-
riendo. Corrí detrás de mí. Subí peldaños. Esquivé a tu-
ristas y alucinados y a turistas alucinados. Casi me asesina
una bicicleta. Pasé una fuente de las mil fuentes. Miré a
todas partes y le cerré los ojos al cielo. ¿A dónde iría yo
si fuese yo? Oí música y caminé hacia la música. Entré a
una plaza de las mil plazas, menos bella, pero más bella.
Entonces me descubrí. Me reconocí de espaldas. Estaba
sentado con mi mujer. Aunque todavía no era mi mujer,
sino una estudiante de arte que a veces servía de traduc-
tora a los turistas. Una muchacha entre mil muchachas,
pero ella. Veía su rostro de tan serio sonreír. Estoy casi
seguro de que en ese momento yo le hablaba de Rilke, de
lo que decía Rilke acerca de Roma: «...aquí hay mucha
belleza, porque en todas partes abunda la belleza». Yo fin-
gía creerlo y ella fingía creerme. Roma es toda la belleza.
Pero no para el que la habita, sino para el que la aban-
dona. Los jóvenes se despidieron. Quedaron en verse esa
noche. La noche de Roma. La única noche. Me fui tras la
sombra del poeta, pero iba pensando en la muchacha. No
le veía el rostro, pero sé que iba también sonriendo. Un

tonto que se sabe tonto. Tonto, dije, y el listo me oyó. Me
miró y tuve miedo de mí cuando me miro de esa forma.
Me enseñó un puño y corrí. Corrí de mí. Detrás de mí
iba yo. En una callejuela de las mil callejuelas me atrapó.
Me atrapó contra la pared de un museo, porque aquí todo
es museo. Deja de perseguirme, me dijo, ¿es que no tienes
una vida? ¿Es que no tienes nada mejor que hacer, *diavolo*?
Y cerré los ojos para el puñetazo. Pero me dejó caer y se
fue después de escupir en el suelo de la Ciudad Eterna.
Desde mi derrota lo vi marcharse. *Ciao, fratello*, me dije,
mientras él se subía el cuello del abrigo y doblaba en la
esquina de este verso.

# Abecedario del condenado (RST)

## I

Desde Rómulo y Remo viene la R, de reyerta en reyerta. Desde el rapto de las sabinas. Desde César cruzando el Rubicón y Rolando quedando en Roncesvalles. Desde la República de Platón que recela de los poetas. Desde Ramsés el Conquistador y sus carros de guerra. Barca de Ra en el río sagrado. Runas del celta y caminos del romano. Rueda de los caldeos. Rueda de la Historia y la Fortuna.

He sido un romántico: este es mi réquiem. Un relámpago raja el rostro de Dios. He sido un retórico: me repudio. Ripios y más ripios. Reprendí al represor, pero yo era el revólver. Soy un raro, soy el raro: en toda ruta iré con mi risa y mi rabia.

Por eso, como Recaredo a la fe del catolicismo, yo me convierto a la R de la Razón, a los monstruos de su sueño y de su siglo. R de Renacimiento. R de Rabelais. Ronda nocturna de Rembrandt, cuerpos rozagantes de Rubens, ropajes relamidos del rococó. Reyes y reinas pasan rápido. ¿Robespierre resiste? Reino del Terror, reino del error. R de las revoluciones que recuerdo: renombres y rúbricas. R de Rosseau. R de Robinson Crusoe. Robles y riscos:

ramas cortadas que gotean resina y rocas que gotean sangre. La rosa también pasa rápido, pero no la Rosa.

## II

Sabiduría de Salomón tiene la S; sensualidad del *Cantar de los Cantares*; susurro y risa en el serrallo. Silencio y suavidad del alma, oh San Juan de la Cruz, del alma que salió sin ser notada. ¡Música callada y soledad sonora!

Salve S, serafín y sombra; sirena en la sirte y cisne en medio de la palabra cisne; pero también sierpes del Sahara y del Sonora; sapos de Sudamérica, sapos negros con dos alas: vísceras adentro de las vísceras del gran Baldomero.

Sabiduría de Salomón tiene la S. Sesteo en Síbaris, sangro en Salamina, sueño con Selene. Seseo los mitos sin importarme Zeus ni Céfiro. Vengan sílfides y sátiros a escuchar mi soliloquio. Venga Abisag la sunamita a calentar mis salmos.

Salve S, soplo del ser y la substancia; silbido de las saetas contra San Sebastián. S de sacrificio y Santo Sepulcro; pero también S de lo sádico, lo sórdido, lo sacrílego. S de súplica y sentencia, de surco y suspiro, de sopa y soldado. S sola, soledad. S al principio de la singular palabra singular y al final de las plurales palabras plurales.

Sabiduría de Salomón tiene la S. S de senda en el Bosque de los Símbolos; S de sendero en la Montaña Sagrada; S de sima en el océano y el hombre. Antes de quedarme sordo, ciego y silente, S de mi nombre, brindo por ti. ¡Salud!

## III

Tiranía de la T: Tamerlán, los turcos. Teología de la T: Tetramorfos. Tentación de la T de San Antonio. Tobías camino a desposar a Sara y espantar al demonio Asmodeo; Tobías en el Tigris. T del Viejo y del Nuevo Testamento: trompetas de Jericó, tierra prometida, tablas de la ley, tabernáculo. T todopoderosa, todo en Ti para mayor gloria Tuya.

Pero yo soy un tonto y un tunante. Busco entre los trastos del trastero y no hay palabra tremenda, apenas un tris, solo trapo y tripa, solo inmundicia. La palabra trampa es una trampa en que todos caen por poetas. El poeta es un truhán que juega al truco, un torpe que tropieza con la tropa, uno que toma el tren después de la trifulca, uno que trama su propia triquiñuela.

Tauromaquia de la T: ser el toro y el torero, nunca la tribuna. Taxidermia de la T: el tigre de Blake y los tábanos fieros de Martí. Taxonomía de la T: nombrar al poeta según su tipo Tántalo o Sísifo. Talante de la T: ser

Tersites en Troya y Tiresias en Tebas. Ser el dios tullido y el titán en cadenas. Ser el túnel y la tiniebla del túnel; la torre de asalto y el trono traicionado; el tálamo y la tumba; el tiempo, todo el tiempo que nos dejó el profeta Eliseo Diego.

Pero yo soy el trapecista de sílaba a sílaba: demasiadas trabas para transitar la transparencia. Pero yo soy el tahúr en el tugurio: una turba, un tumulto de títeres me tortura. Pero yo soy el tierno y el torvo: la palabra trilce es un traje tan gastado que se me sale el alma por los codos y rodillas.

Trabajo y trabajo, hasta llegar al tuétano de la T.

## Nota sobre los triunfos

Los triunfos son hermanos, se parecen. Hablan del otro como si el otro fuese el que ha ganado. Cuando alguien los confunde, sonríen orgullosos. Todo el tiempo los triunfos sienten que han triunfado. Las derrotas son hermanas que se odian.

# Carta a Francisco Sánchez Bautista

Querido Paco, qué fastidio el cartero, qué poca fortuna para quien nunca ha vivido en Fortuna. ¿Qué buena noticia puede traer un cartero? La mejor noticia es que no venga. Un cartero siempre luce joven y ágil, nos recuerda lo viejo y lo torpe que somos. La mejor noticia es que renunció, que se fue a su casa a abrazar a su mujer toda la mañana, que se fue a engordar y a escribir poesía. O a padecer de la gota. Bien lo supo Chesterton, quiero decir, su Padre Brown: el cartero es el asesino. De verlo tanto pasa por invisible. Pero allí están sus huellas demasiado profundas en la nieve. Ya quemó las cartas y en el saco lleva el cuerpo de la víctima. El cartero es el verdadero asesino todavía. Mata al otro, al que pudimos ser, al que fuimos antes de abrir esa carta. ¿Qué seré yo? ¿Un cartero sin gorra, sin silbato, sin bicicleta? ¿Un cartero sin perro que le ladre? ¿Un cartero que siempre pierde la carta para él mismo? ¿Un cartero que siempre escribe dos veces la misma carta? ¿Y a dónde va esta carta? ¿A tu arcadia perdida? ¿A tus tierras de sol y de angustia? Todo se me vuelve sed y éxodo, todo se me vuelve elegía. Pero como buen bautista, tú preparas el camino para el alto acompañamiento; tú me concedes voz y latido; tú me enseñas la razón de lo cotidiano. Cuando se escribe un poema sobre un cartero, nadie más molesto que otro cartero llamando a la puerta.

## Breve tratado sobre la naturaleza de las utopías

Las grandes utopías son viejas. Han tenido una larga vida de solteras. Los grandes utopistas son novios que las han dejado plantadas en el altar. Algún que otro revolucionario desposó a las menores, pero las mayores utopías no conocen al amor de sus amores. Las grandes utopías siguen vírgenes. Un día amanecen muertas sin dejar familia.

# Abecedario del condenado (UVW)

## I

Ubicua U del Único. Última que será primera. Ululante
U, ubérrima si vallejiana. Cuerda en la palabra cuerda,
cuerda que dos niños mueven y un tercero salta. Aullido
de la U para asustar al viajero. U de ultratumba: uuuuu…
Uy del que tema a la U.

U de los ujieres y sus uniformes, vivo ufano de mi úlcera
en el umbral de la umbría, pero déjame uncir al unicor-
nio sin que la unión sea ultraje. Soy Ulises, fecundo en
ardides; me urge labrar cada urbe con mis uñas. U umbi-
lical de la mujer que me upó; U de urdimbre de la mujer
que quieren usurparme.

U del ungido, en mí todo undula y respira como en la
urna griega de Keats; en mí no hay usura, Ezra Pound,
salvo la U que presta el Universo para nombrar la Utopía.

## II

V de volcán, cráter al que me asomo; V de lava, con una
A de ardiente en cada ladera; V de Vesubio y de Averno.

¿Qué busco en tu entraña que es mi entraña? ¿Devastación? ¿Vanidad, vanidad de vanidades? ¿Venir, ver, vencer? Ánima vagula. V de volcán, pero también de Venus, vértice al que me asomo; V de vagina con una A de ambrosía que gotea. V de Vesta y sus Vestales, sacerdotisas del fuego eterno. V de uvas, vino de uves que maceraron con los pies los mancebos y doncellas, ah capitel de la vendimia. Visión perdida. ¡Verano! Vámonos ya, vagabundo del alba; vámonos ya, cuervo a fecundar la V de tu cuerva; vámonos ya, vándalo de la página, hombre de Vitrubio, pequeño dios de Vicente Huidobro. Que nadie cobre venganza y que Nadie cobre venganza. Volver al volcán y a Venus que es lo mismo. Volver al verso. Esto es apenas la V de vicio y virtud de quien solo sabe vivir.

### III

W de Walt Whitman, bebe conmigo este whisky. Necesito la potencia eléctrica de tus versos; necesito cada watt de tu canto. Wolframio y más wolframio como si el país que eres y el país que soy estuviesen en guerra: vivo la novela proletaria de este poema que no podré llamar El Tungsteno.

Mientras en inglés *walk, wall, water, waepon, welcome, western, wild, wind, window, wizard, wolf, woman, wonderland, worker*, en español apenas esta sábana de warandol que hemos robado. Por eso si ves un wapití, avísame: nunca he visto un ciervo de ese tamaño.

W de William Shakespeare y Wagner; W del viejo Wordsworth y del joven Werther, letra extraña a mi lengua castellana, déjame comenzar de nuevo, firmar la paz como en Westfalia.

## Carta desde el Sur

De esta carta se bajan las familias como de un tren. Es el Sur. Es el sur del Sur. Los trenes no tienen retroceso. Los trenes nacen en el sur del Norte, envejecen del tiempo de los hombres como los hombres envejecen del horario de los trenes, y mueren en el sur del Sur. No existe remedio. El sur del Sur es el cementerio de elefantes de los trenes. Los trenes allí se tornan casas, bares, cafetines, teatros, restaurantes, cines, burdeles, hospitales: todo lo que tiene adentro travesía. En el norte del Norte volverán los obreros al taller locomotriz, al sudor, a las fundiciones; armarán los trenes como un tren, armarán el mismo tren infinitas veces, el mismo tren que cambia de vagones: vagones de lujo y vagones de tercera como un Daumier, poéticos vagones de Rimbaud para los que van al Sur, es decir, al sur del Sur. Son trenes de un solo viaje siempre. Si las familias quieren regresar tienen que hacerlo en una carta.

# Carta doble del viajero

## Desde Inglaterra (1536)

Querido amigo: la parlanchina cabeza de Tomás Moro, puesta sobre un retablo, me cuenta de Utopía, pero nosotros ya hemos regresado de todas las utopías. ¿O todavía? ¿A Carlos Marx no lo apodaban El Moro? En la Utopía de Moro no abundan tabernas ni burdeles. Ya por eso el Lord Canciller merecía que le cortaran la cabeza. Quién ha visto un país sin tabernas ni burdeles. Sin tabernas puede ser, pero nunca sin burdeles. No existiría Londres en 1535. No existiría Inglaterra ni su rey. En el burdel de Enrique VIII todas son reinas, hasta que pierden la cabeza. Ana Bolena, por ejemplo, después que Enrique la aturdiera con docenas de cartas de amor y se casaran, fue decapitada con una espada enorme de doble filo. El vulgo tenía que conformarse con el hacha. Dicen que el verdugo tuvo la piedad de simular una demora. ¿Dónde está mi espada? Niño, tráeme mi espada. Esto lo dijo al tiempo que asestaba el golpe. Pero debe ser un mito, una leyenda de reinas ejecutadas. Los verdugos callan cuando hacen su trabajo. Los verdugos temen lo mismo que ansían los poetas: que los conozcan por su voz.

## Desde Francia (1789)

Caballos del antiguo correo, yo los pongo a galopar en
esta carta. Adentro de la carta va el jinete que lleva la
bolsa de cartas. De posta en posta, la sangre se renueva.
Hay que cruzar el bosque, el río, las montañas: hay que
pasar a través de los hombres. Noticias de París son todas
las noticias. El miedo es una carta francesa. El miedo que
nombran Terror. Caballos del antiguo correo, yo los pongo a galopar envueltos en la niebla. La bolsa gotea sangre.
Es el correo de la Historia, la correspondencia de la Revolución. Envían una carta como envían una cabeza.

# Biografía de una cabeza rodante

*¡Que muerda y vocifere vengadora*
*ya rodando en el polvo tu cabeza!*

Almafuerte

## I

Nací con buena cabeza, según dice mi madre. Tuvieron que emplear fórceps porque fui un niño de nueve libras y cuarto. Una belleza. Una belleza que las enfermeras se morían por cargar. Lo único feo era mi cabeza, mi cabeza deformada, mi cabeza picuda por la manipulación durante el parto. Mi madre me la disimuló con esmero bajo el cabello. Una belleza de niño, siempre bien peinado. Después crecí y la cabeza se me arregló. O al menos eso fue lo que creyeron.

## II

Lujuria: mi cabeza es la gran ramera (que bendición tener una cabeza lujuriosa), a donde quiera que va se la pasa copulando y cogitando. Pereza: mi cabeza puede pasar un día sin hacer otra cosa que jugar al solitario. Gula: mi cabeza come descomunalmente, come lo que dejan otras cabezas, le roba la comida a otras cabezas. Ira: mi cabeza se violenta y hace de un poema la matanza que ves. Envidia: mi cabeza ansía el pensamiento de otras cabezas que a su vez ansían el pensamiento de otras cabezas que a su vez ansían no pensar. Avaricia: mi cabeza es tan pródiga como avara cada vez que pido de ella. Soberbia: mi cabeza es la más soberbia de las cabezas, ni cortada diría que es mía. Esos son los pecados cuando mi cabeza es la virtud.

## III

Mi cabeza tiene orgasmos múltiples, intelectuales orgasmos múltiples. ¿Qué se podía esperar de su esnobismo? Para sus orgasmos prefiere la poesía finisecular francesa y la filosofía clásica alemana. Pero si algo la erotiza en verdad son las tablas de un tal Vermer de Delf o los tenebrismos de ese bandido Caravaggio. Mi cabeza vive sin pudor en sus entregas.

## IV

Como mi cabeza está preñada, yo cumplo para ella cualquier antojo. Sin importar su estado. Sin importar que le haga daño. Quisiera fumar una pipa de kif, me dice, quisiera volar sobre el nido del cuco. ¿Quién pudo fecundar mi cabeza y abandonarla después a su suerte? Aunque la he presionado, se niega a decirme: lleva con dignidad su embarazo. Nadie sabe de la belleza que engendra ni del monstruo que ha de parir.

## V

Pasé un día estupendo con mi cabeza. Fuimos a la feria y montamos en la estrella. Sin parar de reír. Fuimos a la feria y nos tumbamos en la hierba. Sin parar de reír. Ahora, déjame trabajar, le dije al llegar a casa. Pero mi cabeza quería seguir jugando. Sin parar de reír. Voy a meterte en el horno, gruñí, hasta que salgas dorada y crujiente como un pastel. Que poco ingenio el tuyo, se burló, eso mismo te lo sugerí ayer.

## VI

Ayer puse mi cabeza al sol para mostrarle a lo que me expongo. Todo el santo mediodía puse mi cabeza al sol. Hasta que dolió, hasta que ya no pudo. Si tú lo desearas, le dije, esa luz sería soportable. No quieras, me reprendió, tapar el sol conmigo, holgazán.

# VII

Leí un cuento para dormir a mi cabeza, pero mi cabeza continuó insomne. Prometí ver la mejor impudicia cuando mi mujer se fuese al trabajo, pero eso nunca le resulta suficiente a mi cabeza. Propuse probar un poco de ajenjo y hachís, pero la cabeza me miró burlona porque ni yo mismo me lo creía. Entonces la amenacé con lo mejor que se puede amenazar a una cabeza: cambiarla por otra cabeza. La muy maldita se rió y me dijo: no pienses que vas a librarte tan fácil de mí.

# VIII

Todos a cortarse la cabeza. El ideal de belleza no ha cambiado. Lo bello es la cabeza. Lo humano es la cabeza. Lo revolucionario es la nueva guillotina. Una compañía de calvos que no necesita sombreros. Un museo de sombreros. El mundo como un museo de cabezas reducidas. Todos a cortarse la cabeza. Quedan abolidos los manicomios. Ahora los locos son iguales y los presidentes son iguales y la vida es la vida. Todos a cortarse la cabeza. Dos bandos. Uno que aboga por el corte simétrico. Otro que aboga por un corte más moderno. Todos a cortarse la cabeza. Un partido. El de los acéfalos. Un partido sin oposición. Ellos fueron la oposición, pero resolvieron el problema. Esto no se le ocurre, dirán, a nadie que tenga en su sitio la cabeza.

## IX

La policía de cabezas me detuvo y me dio un sermón que mi cabeza no atendió. Porque mi cabeza es la reina del desacato. Porque mi cabeza nunca memoriza leyes. Porque mi cabeza siempre resulta una bárbara cabeza airada. La policía de cabezas me detuvo y me comunicó su última advertencia. Porque mi cabeza no sienta cabeza, no escarmienta por cabeza ajena. Porque mi cabeza solo piensa en los peces de colores. Porque a mi cabeza le encanta ser cabecilla. La policía de cabezas me detuvo y me molió a golpes. Se llevaron mi cabeza en jaula para mascotas. Entraron a una cafetería y pusieron mi cabeza sobre el mostrador. La tuvieron todo el santo día probando postres y más postres. Porque algo en verdad había que hacer con ella.

## X

Los maestros ruedan tu cabeza como el escarabajo estercolero rueda su bola de inmundicia. Hacen de tu cabeza una bola de inmundicia. Yo ruedo mi cabeza como el tabernero rueda un tonel de cerveza. Hago de mi cabeza un tonel de cerveza. Embriagarse de sí misma. Devorarse a sí misma. Porque mi cabeza es rubia. Porque mi cabeza está fría. Porque nada hay mejor para alucinar.

## XI

Ante un atlas descomunal se sentó mi cabeza. Miró y miró hasta el cansancio, hasta enflaquecer de envidia. Luego se dejó caer sobre los mapas. Mi cabeza se dejó caer sobre los países que no ha visto y las vidas que jamás verá. He perdido mi juventud contigo, me reprochó, pero ya te lo cobraré.

## XII

Una vieja usurera, mi cabeza es una vieja usurera. Anota en su libro los préstamos y el interés a cobrar por ellos. Si alguien viera el cuarto donde vivo me diría que debo sacarle más dinero a esa avara. Pero mi cabeza es una pícara; acabará por endeudarme toda la vida. Un día ya no pude y tomé un hacha. Entonces ella se burló y lanzó su desafío: me muero por ver cómo lo haces.

## XIII

Cuando mi pródiga cabeza echó a rodar, le entregué la mitad que de la herencia le correspondía. Cuando mi pródiga cabeza regresó fue para devolverme el doble de cuanto le había dado. Cuando mi pródiga cabeza me dijo que su oficio era escribir, yo la bendije porque algo bueno debía salir de ella. Cuando una pródiga cabeza se dedica a engordar cerdos y no a escribir es porque le ha ido muy mal.

## XIV

Entré a una tienda de sombreros. Había un sombrero de tres picos que era una verdadera tentación. Me lo probé. Magnífico. Y el de copa. Y el de sheriff. Y el de húsar. No podía dejar de mirarme al espejo con un nuevo sombrero. Hasta que descubrí aquel bombín. Qué belleza de bombín. Entonces mi cabeza comenzó a quejarse: ¿Te avergüenzas de mí? Después de todo lo que hemos pasado juntos, ¿te avergüenzas de mí? Por eso me cubres. Pues entérate que yo también me avergüenzo de ti, aunque de un modo más compasivo. Salí de la tienda de sombreros, pero antes pregunté dónde quedaba una buena tienda de cabezas, porque mi cabeza jamás me pide perdón.

## XV

Cuando terminé la novela de Thomas Mann, dudé si era o no era esta mi cabeza. Quizás todos andamos por el mundo con las cabezas trocadas. Quizás mi cabeza era su cabeza. Entonces la puse a prueba: traté de recordar la primera vez que alguien me había golpeado o me había amado. Sentí un dolor de cabeza horrible, pero no pude recodar. Sea o no sea mi cabeza me quedaré con ella.

# Abecedario del condenado (XYZ)

## I

Cruz de San Andrés o diez romano, la X siempre marca el lugar. ¿Cuál es tu lugar?, pregunta el xenófobo. Entonces tocas el xilófono para él; entonces compras una xilografía para él. Un idioma sin examen no merece la exaltación de ser escrito.

## II

Desde Vallejo nadie escribía yeyuno; desde Chirinos nadie, cosa de poetas peruanos. Entre el duodeno y el íleon, el yeyuno que nadie poetiza. Yegua sí, yegua fina del carruaje del Rey de Egipto; buey sí, buey rubendariano que vi yacer en la página un día. Yo soy aquel que ayer no más decía: yermo, yesca, yunque. ¿Qué fue de yantar y yacija: comida y cama para no quedar yerto? Volver al yeyuno, al tramo interior donde el jugo intestinal hace su trabajo; donde lo esencial se traspasa al torrente sanguíneo. Y todo se bifurca como una Y multiplicada, como una Y a la vez copulativa. Poetas y poetas y poetas. Adentro la Y que somos. Yo vengo, ¡ay!, de cauce en cauce.

Abuelo, viejo zorro, dirás que no me libro de la zurra. Yo estaba de zagal con mi zampoña, pero me fui a la zambra cuando pasó junto a mí la zalamera.

Abuelo, tú que no te llamas Zacarías, igual quedarías mudo si vieras los zafiros que miraron a este zángano. Qué zarpazo. Qué zanja para caer. Qué Lázaro resucitando.

Abuelo, muerto zafio de Zamora, no hay rebaño mayor que mi zozobra. Por los puentes de Zamora, solo y lenta, iba mi alma, dice Blas de Otero. Aquí dejo los zapatos y la voz. Aquí está el corazón, zagala mía, zarza que arde, Poesía.

# Página de condolencias

No puedo ser trabajador de pompas fúnebres, no puedo asomarme todos los días a ver como la Tremenda se prueba un rostro. Ahora lo sé: aquella vez que viajé con mi abuelo y miré por la ventanilla el paisaje amarillento y verde, no fuimos otra cosa sino dos niños en un tren diminuto cruzando la cara del primer difunto.

Es un negocio de muerte, es un empleo que va a matarnos. Por más que se pinten las paredes siempre acaban manchadas de llanto; por más que se limpie siempre queda el olor en el cuerpo de lo que será nuestro cuerpo. Respeto y animo a los buenos obreros que acogerán mis vísceras, pero mi vocación intenta lo contrario: dotar de vísceras las cosas.

Yo fui sin dolor con mi abuelo a los velorios y saludé respetuoso a los mayores: el tiempo estrechando la mano del tiempo. Comí galletas y bebí chocolate, oí las historias sonriendo en silencio. Nada fue terrible en la dramaturgia de ese enlutado teatro, hasta que salí a jugar junto a otros nietos de veteranos en el patio. Entonces ocurrió: a través de una puerta entreabierta descubrí el almacén de ataúdes, las mortajas desventradas que nos esperan; lo peor fueron los ataúdes para niños que se pueden cargar como una caja de zapatos. ¿Qué hacen aquí?, preguntó una mujer robusta y severa como la vida, y todos corrimos a escondernos.

## Agenda del extraño

Pasé por una calle de mi pueblo donde un hombre había muerto. La casa estaba abierta y adentro la familia lloraba. Había gente, mucha gente. El pueblo estaba en la calle. Entonces me dieron unas ganas tremendas, tremebundas, de leer un poema. Más que leer un poema, lo que yo quería era que leer un poema fuese natural como la muerte, como velar a un hombre muerto. Lo que yo quería era que nadie se indignara, que nadie me echara por hacer que la poesía compartiese espacio con la muerte. Dónde están los hombres que al leer yo un poema en un funeral de mi pueblo vengan a darme la mano y a agradecerme. Por miedo o pudor no solo no he leído, sino que me he quedado afuera, junto al tumulto que debe pensar que soy un pariente lejano, alguien que viene por la herencia del difunto. Eso pobremente es la poesía en estos días: un pariente lejano del hombre que debe heredar el mundo. Y como nadie responde quién es. Y como nadie sabe quién es, lo miran de arriba abajo y de abajo a arriba, mientras le critican el cabello y los zapatos.

# Pasaporte y entradas para el circo

*Busco un país inocente.*
Giuseppe Ungaretti

Soy el exiliado de un país que ha pasado años en la cuerda floja. ¿Se cae o no se cae? ¿Se cae o no se cae? Ese es el juego del país y de los que miran el país, pero el país en el trapecio sigue cruzando el aire y cae en brazos de otro país. El público aplaude la temeridad de saltar sin red, la red invisible que somos. Soy el exiliado de un país que doma su león. El país mete la cabeza en la boca del león, pero resulta un león manso que bosteza. Los espectadores creen que un león siempre es un león. Soy el exiliado de un país que a veces parece el país bala: sale disparado y disparado cae, aunque nada como los años de la fiebre cuando el país montaba en bicicleta o se dejaba atravesar por las espadas del mago. El mago desaparecía al país; pero desaparecer un país no puede ser tan fácil, salvo que el propio país sea el mago y se desaparezca a sí mismo. Soy el país de un exiliado. No hablo del tuyo ni del mío. No tiene mar: es el mar. No tiene cielo: es el cielo. El país inocente no existe, solo países menos culpables que otros.

# Índice

Otros títulos de la Serie de poesía
## AZUL DE METILENO

~

Otros títulos de la Serie de narrativa
## RELOJERO DE BANAGUÁS

Esta primera edición de
*Papelería del purgatorio*
número 37 de la Serie Azul de Metileno,
se terminó de imprimir en los talleres
de Safekat (Madrid)
en junio de
2025.